AF403728

LA CONFESSION GÉNÉRALE

DE

JOSEPH LEBON ET BANDE,

OU

PRÉDICTION

DE JEAN SANS-PEUR,

Applicable à tous les autres Buveurs de sang et complices du terrorisme ;

SUIVIES

D'un Post-Scriptum piquant sur les événemens mémorables des journées des 1 et 2 Prairial an 3ᵉ.

(Juin 1795.

LA CONFESSION GÉNÉRALE

DE

JOSEPH LEBON ET BANDE,

OU

PRÉDICTION

DE JEAN SANS-PEUR,

Applicable à tous les autres Buveurs de sang et complices du terrorisme.

Exterminez, grands Dieux, de la terre où nous sommes,
Quiconque, avec plaisir, répand le sang des hommes.

VOLT. *Mahomet*, Trag.

CITOYENS!

EN vérité, en vérité, je vous le dis : l'heure vient et elle est déjà venue, qu'encore un peu vous verrez l'ex-prêtre de l'Éternel Joseph Lebon et bande, et qu'encore un peu vous ne les verrez plus ; mais avant de vous entretenir de ma prédiction, pour en assurer le succès par forme d'Antienne, répétons sur l'Air : *Allons enfans de la Patrie.* Morbleu, un peu de cœur au ventre ; il vaut mieux tard que jamais.

A 2

(4)

Que tout ce qui fut vil Boniste,
Au neuvième de Thermidor,
Soit saisi par-tout, au plus vîte :
Et sur-tout, demandez encor, (*bis.*)
Que ces Jurés abominables,
Qui buvoient le sang comme l'eau,
Soient tous envoyés au bourreau ;
Qu'on lui livre tous les coupables.
Vengeance, Citoyens ; armez-vous de courroux, } *bis.*
Volez, volez, et que la Loi les extermine tous. }

Je dis et je soutiens donc que la victoire complette de la vertu sur le crime, et la nécessité urgente de punir les abominables instrumens de Robespierre, ne permettent plus de douter que le sempiternel Joseph Lebon et bande, expieront très-incessamment leurs forfaits, à l'exemple de Carrier, Fouquier, etc. etc. Le jugement prononcé, Lebon, regrettant ses grands accès de joie, (1) s'exprimera également ainsi ; car, c'est par allusion que nous parlons.

---

(1) Voyez les nouvelles données par le Télégraphe du Luxembourg, où étoit alors Lebon, sur l'intérieur de cette maison d'arrêt, pendant le cours des journées des 10, 11 et 12 Germinal, et de la nuit suivante, rapportées au noméro 51 de l'Orateur du peuple. Les pasquinades de Lebon y sont à mourir de rire : sans doute que les Journalistes nous informeront de celles qu'il aura faites à Meaux, lieu où il est enfermé, ce jour 1.er Prairial, qui est le pendant des mouvemens forgés dans les journées citées de Germinal. *Note de l'Éditeur.*

(5)

Air : *L'heure avance, etc.*

L'heure avance où je vais partir, (2)
L'enfer appelle sa victime ;
Quel affreux tourment de finir,
Au sein des remords et du crime !
Amis ! amis ! écoutez - moi ;
Prenez pitié de ma souffrance,
Je veux, enfin, de bonne foi,
Vous découvrir ma conscience.

Aux hurlemens de l'ex-prêtre de l'Éternel, toute sa clique infernale se regardera comme des hiboux : un de ses ex-moines, lui dira : Il a parbleu raison ; car,

Air : *O Filii et Filiæ.*

Quelque peu qu'on soit criminel,
Il faut pour arriver au ciel,
Dire pourtant, malgré cela,
Meâ culpâ.

Pénétrés de ces importantes vérités , la bande joyeuse se lèvera et braillera en Chœur :

Meâ culpâ ; meâ culpâ ; meâ culpâ.

Notre monstre , qui aura perdu l'habi-

---

(2) On se rappelle qu'à la séance du 12 Germinal on avoit proposé l'abolition de la peine de mort ; mais la justice nationale s'est souvenu que les crimes de Lebon étoient encore impunis. Graces immortelles soient rendues à ce ressouvenir consolant ! ... *Note du faret Éditeur.*

A 3

tude de dire, VAS-T-EN aux Baudets, à l'Abbatiale , aux Orphelines , (maisons d'arrêt) etc. etc., la face tournée contre terre, reprendra sa confession sur ce ton - ci :

AIR : *L'avez-vous vu , mon bien-aimé ? etc.*

Il est bien tems que , sans appel,
Sans que je tergiverse,
Je vous montre mon naturel ;
J'eus une ame perverse.
Criblé des droits de l'innocence,
Contre l'intrigue et le méchant :
J'ai rempli ce rôle important
Toujours en sens inverse.

Ses apôtres se lèveront brusquement, et en grand Chœur diront :

AIR : *Du haut en bas.*

Et nous aussi ,
Comme toi , nous fûmes barbares ;
Et nous aussi ,
Sans pudeur et sans nul souci ;
Au nom de notre conscience,
Nous assassinions l'innocence,
Et nous aussi.

Notre Orateur Arlequin, furieux de se voir interrompu , suivant son usage voudra espadonner , comme Malborough avec son grand sabre , et continuera ainsi :

AIR: *Du Confiteor.*

Après ce mince apperçu,
Venons au détail de ma vie :

Avec plaisir, je me suis rendu
L'outil de la boucherie.　(*bis.*)

Tous ces dégoûtans de sang et de car-
nage, se lèveront *subitò* et lui repliqueront :

Que parles-tu, que parles-tu de cet emploi,
Nous le servions, ainsi que toi ?

Toujours notre Joseph, gros de parler
et d'en venir à conclusions, dira :

A i r : *Je suis natif de Ferrare.*

Je ne fus qu'un brigand féroce,

Ceux qui auront été Juges à la façon de
barbari, mon ami, diront :

Et nous qu'une horde atroce,
Ne méditant qu'assassinats ;

Tous ensemble :

Ah ! combien, combien d'attentats ! (*bis.*)

Le furibon Carlier, demandera la parole
pour un fait ; l'ex-accusateur public Darthé,
Caron, Cambrières, ou l'aimable ex - capu-
chon, *donneur de plat de guillotine entre
une et deux heures*, requèrera bravement
qu'elle lui soit accordée, Carlier parlera
sur ce ton - ci.

A i r : *De la matrône d'Ephèse.*

Voir les accusés, les juger,
C'étoit pour nous la même affaire ;
Avant de les interroger,
Nous tracions l'ordre sanguinaire ;

Couverts de sáng, gorgés de vin,
Comme l'objet le plus frivole,
Nous décidions de leur destin,
Et s'ils se recrioient, soudain
Nous leur refusions, nous leur refusions la parole.

Bravo ! bravissimo , mon fils ! cela est vrai, mais très vrai ! nous en appelons au pauvre diable de perroquet , à qui nous avons coupé net la parole. De plus, nous avons égorgé maître et maîtresse le 4 Floréal an 2e, uniquement parce que dans son éducation, on avoit omis de lui apprendre, depuis plus de dix ans , à crier à tue tête : VIVENT LES BUVEURS DE SANG ! Galland , cette vermine de l'ancienne chicane, digne soutien de la bande , indigné du rappel de cette abominable anecdote , qui , jusqu'à ce moment aura été rélégué dans un coin comme porte - drapeau de l'allégorie DES FORMES ACERBES ; Galland , disons - nous, interrompera la discussion des consciences, pour dire :

AIR : *De la Bourbonnoise.*

A vos dignes complices,
Enfans de vos caprices,
Daignez être propices ;
Souvenez - vous, hélas ! hélas ! hélas !
De notre complaisance,
Des listes de vengeance,
Qui plongeoient l'innocence
De la vie au trépas! (*3 fois.*)

A ces mots , tous ces cannibales se lèveront gravement , et d'un commun accord , s'accoleront. Après cette scène comique et tragique , Lebon , ne pouvant plus agiter la sonnette des clubs à sa façon , fera une vie de chien. Parvenu à se faire écouter , il dira *presiò* :

AIR : *Notre Meûnier.* (Camille.)

Amis, je vois, avec plaisir,
Par mon cœur et les vôtres,
Que nous n'avons pas à rougir
Les uns avec les autres.
Voici donc mes conclusions : nous sommes tous
Dignes de peupler les égoûts ,
Et nos noms effrayans , consignés dans l'histoire ,
Y serviront toujours d'exécrable mémoire.

Notre pauvre leup de Lebon , alors agonisant , habile dans tous les rôles , fera l'enfant, se tournera vers le public , et se croyant en fonctions sacerdotales , dira : *ite*, ou allez-vous-en , gens de la noce , chacun chez vous.

Les spectateurs, émerveillés , après avoir nombre de fois dit : Houste !..... houste !..... houste !..... (3) entonneront le LIBERA, et se retireront chez eux , en fredonnant ce refrain :

---

(3) *Memento !* La note véridique de la ronde de la déroute des Bonistes. C'est de l'or en barre. Ceci, *inter nos Abbates !*

(10)

Tra déridera, la , la , la , la ,

la , la , la , la , la , ta , la déridera :

G'nia pas d'mal à ça,

Colinette,

G'nia pas d'mal à ça.

Ainsi nous aide sévère et prompte justice ! car , le Styx mugit et s'impatiente de rouler dans ses flots notre maître Joseph , son ânesse et toute sa séquelle. C'est ce que nous leur souhaitons du fin fond de l'ame. Ainsi soit-il ! n'est-ce pas , Citoyens ? .... En tout et par-tout même ton , même allure.

GUERRE AUX AGENS DU CRIME!

MISÉRICORDE AUX CITOYENS ÉGARÉS!

JEAN SANS-PEUR,

Maison où pend pour enseigne : A bon Chat, bon Rat, *rue du Courage,* N°. 1er., *Section de la Bravoure,*

AU PORT DE LA SAGE LIBERTÉ,

Département de l'Europe.

10e. mois de l'année thermidorienne , (nouveau et bon style).

POST-SCRIPTUM.

Au moment, Citoyens, où le pauvre diable de Sans-peur, sort pressé, mouillé, trempé, et archi-pressuré par la presse, on affirme que notre maître Joseph avoit des intelligences intimes avec les traitres que la Convention Nationale vient de foudroyer complettement dans les journées mémorables des 1 et 2 Prairial ; que dans la vue de se rendre le digne et souverain exécuteur des manœuvres de ces nouveaux monstres, notre MERLE avoit demandé, dès le 26 Floréal dernier, à la Convention, sa translation à Paris, sous le spécieux prétexte d'être examiné par la Commission des Vingt-un, chargée du rapport de l'examen de l'*in-Folio* de ses crimes ; que les Membres purs de cette Commission, sur le renvoi de l'impudente lettre de ce scélérat avéré, avoient ordonné en conséquence son transport de Meaux à Paris, où il est arrivé nuitamment le 1er. Prairial, présent mois.

Plus de doute donc, honnêtes et vertueux Citoyens, que la justice nationale ne laissera plus long-tems jouir ce monstre de l'impunité de ses crimes. Par avance, l'Éditeur entend fredonner par-tout ce couplet-ci, en faveur de l'Auteur.

A i r : *Et lon , la , la , landerirette.*

Les gens lui font la conrbette,
Jugeant d'un œil interdit
Le mérite du Poëte,
Sur tout ce qu'il a dit.
Et lon , la , la , landerirette ,
Les gens de cœur sont en crédit.

Les spectateurs reprennent le refrain en dansant ; ainsi donc , braves Citoyens , répétez avec nous :

Et lon , la , la , landerirette ,
Les gens de cœur sont en crédit.

Attendez ! ce n'est pas tout ; un instant. A l'occasion du surcroît de triomphe de la Convention , voici ce qu'on répète encore sur *l'air des fraises.*

Les monstres (4) sont *à quia ;*
Plus d'espoir de fortune. . . . .
Pour s'en consoler, déjà
Plusieurs ont fait des trous à
La lune.   (*3 fois.*)

QUE L'UN LE DISE A L'AUTRE.

---

(4) Il est expressément entendu et convenu que les Bonistes sont de la bande. *Note de l'Éditeur.*

De l'Imprimerie du grand Pain d'épice d'Arras, rue de la Gaîté , a Arras.